Eva Eich

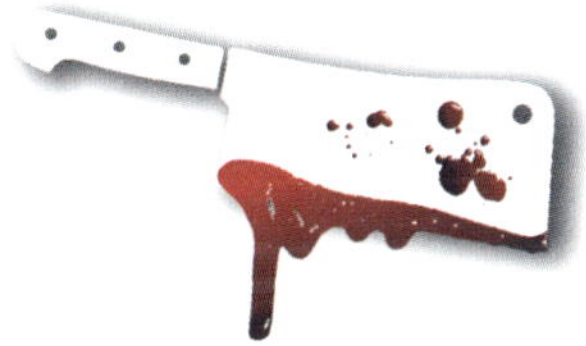

Escape Room

Gefangen im Schnee

EIN ESCAPE-THRILLER
ZUM AUFSCHNEIDEN

arsEdition

STOPP!!!

Bevor du in dieses Abenteuer startest, solltest du wissen, auf was du dich einlässt …
Auf jeder Doppelseite erwartet dich ein neues Kapitel der spannenden Geschichte und ein neues Geheimnis. Aber dieser Thriller ist kein normales Buch, bei dem du eine Seite nach der anderen aufblätterst. Nur wenn du es schaffst, das aktuelle Rätsel zu lösen, erfährst du, an welcher Stelle im Buch du weiterlesen darfst.

Dazu werden dir mehrere Antwortmöglichkeiten angeboten. Hinter jeder Option siehst du einen kleinen Bildausschnitt oder ein kleines Detail. Doch nur bei der richtigen Antwort steht ein Bild, das du auch tatsächlich auf den Zwischenseiten des Buches entdecken kannst.
So kannst du nicht aus Versehen eine falsche Seite öffnen.
Also keine Sorge, falls du mal nicht gleich auf die Lösung kommst! Mit scharfem Entdeckerblick bleibst du auf der richtigen Spur.

Finde die richtige Antwort – entdecke den Bildausschnitt – öffne die Seite dahinter!
Nur so wirst du der Schneehölle entkommen und das Geheimnis des verschneiten Dorfes lüften …

Noch ein Beispiel

DAS HIER IST …

(1) **Ein Reiseführer**

(2) **Ein Telefonbuch**

(3) **Ein Escape-Thriller**

(1)

(2)

(3)

Seite zum Auftrennen

Auf ins Abenteuer. Bitte auftrennen!

Das ist die schlimmste Autofahrt meines Lebens, dachte Jonas. Der große schwarze Audi pflügte durch den Schneematsch auf der Landstraße und vertrieb einige Krähen, die am Rande der Fahrbahn nach Futter gesucht hatten.

Es schneite bereits seit mehreren Stunden, und die schlechte Sicht machte die Fahrt noch beschwerlicher, als sie Jonas ohnehin schon erschien. Er war auf dem Weg nach Lauffingen, in sein Heimatdorf.

Eine kleine Armee von Schneeflocken klatschte auf die Windschutzscheibe, zerschellte dort und wurde im nächsten Moment von den hektisch quietschenden Scheibenwischern zur Seite geschoben. Nur um in der gleichen Sekunde von unzähligen Nachfolgern ersetzt zu werden.

Jonas fuhr sich mit einer Hand über die welligen schwarzen Haare und dann an den schmerzenden Nacken, doch er konnte die Last, die er seit dem Brief auf seinen Schultern verspürte, nicht loswerden.

„… müssen wir Ihnen leider mitteilen, dass Ihr Vater in unserem Klinikum verstorben ist …“ Nur wenige Worte, die doch eine ganze Welt verändern konnten. Jonas hatte seinen Vater schon fast ein Jahr nicht mehr gesehen. Die beiden hatten sich nicht besonders viel zu sagen gehabt, als Manfred Schmitzgebel seinen Sohn im März des letzten Jahres in dessen schicker Münchner Stadtwohnung besucht hatte. Sie waren zusammen über den Viktualienmarkt gestapft und hatten sich die Auslagen der traditionellen Metzgerei-Betriebe dort angeschaut.

Doch nachdem sein Vater sich interessiert zu den Schweineköpfen und Rippchen hinuntergebeugt und sich als Metzgermeister über die Qualität der Wurstwaren ausgelassen hatte, war das Gespräch schnell verebbt. Das lag nicht nur daran, dass Jonas Vegetarier war. Auch ansonsten hatten sich die Welten der beiden zu weit voneinander entfernt, zu wenig gemeinsame Interessen und zu wenig Verständnis für die Probleme des anderen.

Jetzt bereute Jonas, dass er seinen Vater nicht wie versprochen vor Weihnachten noch einmal besucht hatte. Dann hätte der ihm vermutlich erzählt, dass er an einem schweren Herzleiden litt und nur eine riskante Operation sein Leben verlängern konnte.

Sein Vater hatte sich für den Eingriff entschieden, ohne seinen Sohn vorher davon zu unterrichten. Vermutlich weil er ihm keine Sorgen machen wollte, dachte Jonas mit einer Mischung aus Trauer, Wut und Wehmut in der Magengrube.

Und jetzt musste er zurück nach Lauffingen. Zurück zu den Erinnerungen und den leeren Räumen. Er würde sich mit dem Notar treffen, das Erbe akzeptieren und dann so schnell wie möglich wieder nach München fahren.

Nur noch knappe 2 Kilometer trennten ihn jetzt von seinem Ziel. Doch während Jonas versuchte, auf der verschneiten Straße die beste Fahrspur zu finden, fühlte er eine dunkle Vorahnung in sich aufsteigen, er war sich ganz sicher, dass etwas nicht stimmte …

WO IST DAS DETAIL VERSTECKT, DAS JONAS IRRITIERT?

① **Auf der Straße**

② **In der Landschaft**

③ **Im Auto**

①

②

③

Jonas brauchte mehrere Minuten, doch schließlich hatte er die Nachricht entschlüsselt: „Es ist nicht so, wie es scheint! Wenn du bereit für die Wahrheit bist, folge der roten Spur!“

Er schluckte unwillkürlich. Was hatte dieser Brief zu bedeuten? Und wer hatte ihn dort hingelegt? War womöglich der Tod seines Vaters gemeint? Je länger er darüber nachdachte, desto seltsamer erschien es ihm, dass sein Vater an einem Herzleiden verstorben sein sollte, von dem er Jonas nie etwas erzählt hatte.

Aber dann wischte er seine Überlegungen beiseite. Er wollte sich auf kein Rätselraten einlassen. Er würde sich gleich mit Peter Zwing, dem Notar, treffen, dann noch kurz seine persönlichen Sachen und ein paar Erinnerungsstücke einsammeln und danach zurück nach München fahren. Er schaute auf die Uhr, fünf vor zwölf. Er musste sich beeilen, wenn er zu Fuß gehen und trotzdem pünktlich an der Metzgerei seines Vaters sein wollte. Der Schnee hatte ihn länger aufgehalten, als er gedacht hatte.

Als Jonas wenig später pünktlich zum Glockenschlag der alten Kirchturmuhr vor dem Betrieb seines Vaters eintraf, war von dem Notar noch keine Spur zu sehen. Er schaute nach oben zu der orangefarbenen Leuchttafel, auf der in großen runden Lettern „Metzgerei Schmitzgebel“ stand. Darunter in kleinerer Schrift der Zusatz „Heimat des Schwarzwälder Schinkens seit 1869“.

Dieser Schwarzwälder Schinken war es gewesen, der den Familienbetrieb so erfolgreich gemacht hatte, in den letzten Jahren sogar international. Verschiedenste Delikatessengeschäfte hatten ihn in ihr Sortiment aufgenommen und ihn direkt neben Serrano und Culatello vertrieben. Jonas' Blick fiel durch die Glasscheibe in den Verkaufsraum der Metzgerei. Hinter der Theke stand ein großer Mann von etwa vierzig mit dunkelblondem, schulterlangem Haar, einer weißen Metzgers-Schürze und leicht hängenden Schultern. Jonas erinnerte sich, dass der breitschultrige Mann mit der schlaksigen Körperhaltung schon länger in der Metzgerei arbeitete. Er war auch hier aus dem Ort, doch da Jonas nicht in Lauffingen zur Schule, sondern auf das Internat in der Stadt gegangen war, kannte er nicht besonders viele Einwohner. Der Angestellte hatte den Kopf gesenkt, als ob er gerade etwas in seiner Hand studieren würde, doch als er den blonden Scheitel hob und die Blicke der beiden Männer sich trafen, steckte er es schnell in seine hintere Hosentasche und kam dann durch die automatische Schiebetür nach draußen.

„Hallo, du bist Jonas Schmitzgebel, oder?“, fragte er und streckte ihm seine große Hand entgegen. „Ich bin Max Wegner. Ich bin der stellvertretende Chef, wenn Herr Schmitzgebel …“ Er verstummte und sein Gesicht lief dunkelrot an. „Mein herzliches Beileid“, fügte er schnell hinzu und sah betroffen zu Boden.

„Danke“, sagte Jonas, unsicher, wie er sich verhalten sollte. Doch in diesem Moment kam mit schnellem Tempo ein silberner Kombi um die Ecke. Er war fast komplett mit Schnee bedeckt und auch die vereisten Scheiben konnten dem Fahrer kaum mehr Ausblick bieten als Schießscharten. Die Tür öffnete sich und ein hagerer Mann im Wollmantel und mit Brille und Aktenkoffer sprang heraus.

„Entschuldigen Sie meine Verspätung!“, rief Zwing mit näselnder Stimme schon von Weitem. „Ich komme direkt von einem Termin mit einem Mandanten in Sulzbrücken, das sind knapp 30 km, inklusive Autobahn, da hab ich mit dem Auto und bei dem Wetter doch ein bisschen länger gebraucht als geplant. Na ja, Sie wissen ja, wie das ist …!“ Mit fahrigen Schritten und einem entschuldigenden Lächeln kam er auf Jonas zu. Seine Lederschuhe waren ganz offensichtlich nicht für dieses Wetter gemacht und versanken schon nach wenigen Schritten im Schnee. Sein Händedruck fühlte sich an wie toter Fisch. Schlaff und kalt.

Jonas sah dem Mann prüfend in die Augen, während er sich ebenfalls kurz vorstellte.

Er war sich sicher, dass der Notar nicht die Wahrheit sagte.

WORAN ERKENNT JONAS, DASS DER NOTAR LÜGT?

① **An den Schuhen**

② **An den Spuren**

③ **Am Auto**

①

②

③

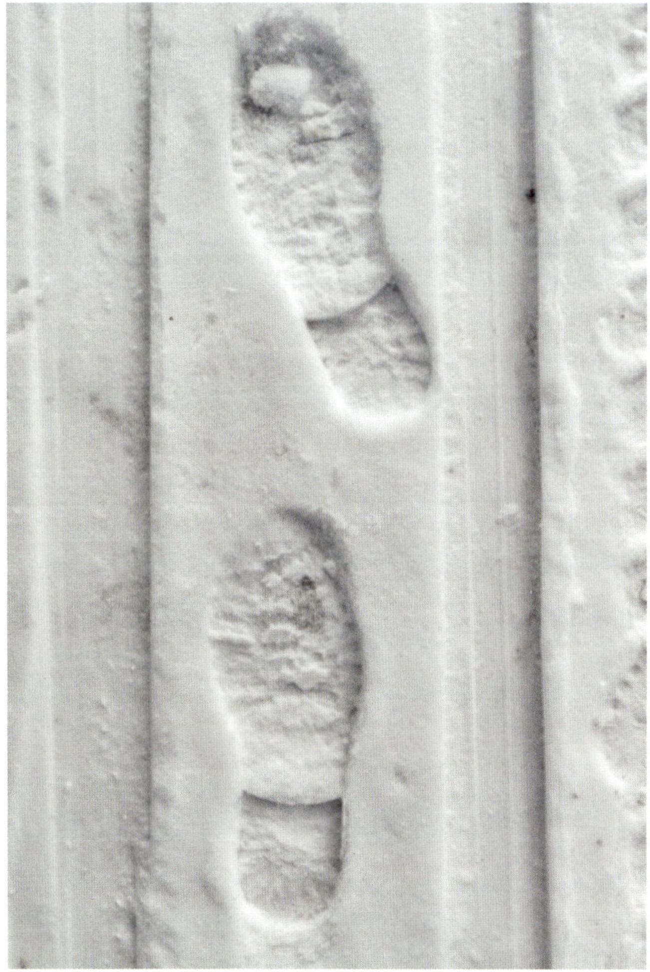

5. Kapitel

Jonas wollte sich gerade bücken, um der roten Spur des Blutes in der Ablaufrinne zu folgen, als hinter ihm plötzlich ein großer Schatten auftauchte. Josef Gremmelsbacher hatte den Schlachtraum betreten. „Wie sind Sie hier reingekommen?“, fragte Max und baute sich vor dem rothaarigen älteren Mann auf, der mit seinen gut 100 Kilo beinahe die schwarze Steppjacke zum Bersten brachte, die sich über seinen Bauch spannte. „Ich bin in den Verkaufsraum gekommen, und als da niemand war, bin ich eben einfach weitergegangen. Ich wollte mit dir sprechen.“ Er fixierte Jonas mit kleinen grauen Augen, die fast unter seinen buschigen Augenbrauen zu verschwinden schienen. Jonas kannte den Mann. Gremmelsbacher war der Besitzer der zweiten Metzgerei in Lauffingen. Er hatte seinen Betrieb vor sechs Jahren eröffnet und seitdem seinem Vater das Leben schwer gemacht. Gremmelsbachers Wurst hatte nicht die gleiche Qualität und den gleichen guten Ruf wie die aus der Metzgerei Schmitzgebel, aber dafür bot er seine Ware zu günstigeren Preisen an. Das Geld sparte er, indem er seine Angestellten schlecht bezahlte und weil die Haltung der Tiere, die er verarbeitete, für ihn keinerlei Rolle spielte.

„Und was wollen Sie von mir, Herr Gremmelsbacher?“, fragte Jonas ihn.

„Ich will dir ein Angebot machen. Ich weiß ja, dass du dich mit Zahlen besser auskennst als dein alter Herr. Da wird dir wohl kaum entgangen sein, dass euer Unternehmen im Moment nicht besonders gut dasteht, ich meine nach der Pleite im letzten Jahr.“ Er strich sich abfällig lächelnd über den rötlichen Bart.

Im April des letzten Jahres hatte die Metzgerei kurz vor einem Deal mit einem großen Delikatessen-Onlinehändler gestanden. Doch die komplette erste Lieferung an den Händler war als Reklamation zurückgegangen. Die Schinken seien versalzen und ungenießbar gewesen. Daraufhin war das Geschäft geplatzt, extra produzierte Schinken mussten zu einem Kampfpreis abgestoßen werden. Der finanzielle Verlust war enorm. Den noch größeren Schaden hatte allerdings das Image des Schwarzwälder Betriebs davongetragen. Jonas wusste, dass Manfred Schmitzgebel es bis zu seinem Tod nicht geschafft hatte, vollständig aus den roten Zahlen herauszukommen.

„Ich werde darüber nachdenken“, sagte Jonas und verschwieg ganz bewusst, dass er zum jetzigen Zeitpunkt gar nicht der Erbe und Eigentümer des Betriebs war. „Mach das, mach das. Es bestünde übrigens auch die Möglichkeit, dass du mir einfach nur das Familienrezept für den Schwarzwälder Schinken verkaufst, so von Geschäftsmann zu Geschäftsmann“, sagte Gremmelsbacher in vertraulichem Ton. „Ich bezahle einen guten Preis.“ Mit einem letzten abfälligen Blick auf Max verließ er den Schlachtraum.

„Du willst doch nicht wirklich diesem schmierigen Typen das Lebenswerk deines Vaters verkaufen?“, fragte Max aufgebracht. Er hielt das Schlachterbeil in seinen Händen so fest, dass die Fingerknöchel weiß hervortraten. Jonas war von diesem emotionalen Ausbruch überrascht, hielt es aber nicht für nötig, sich zu rechtfertigen. „Das entscheide immer noch ich“, antwortete er knapp, um nicht in die Verlegenheit zu kommen, lügen zu müssen. Er wollte sich jetzt endlich das Abflussgitter näher anschauen und bückte sich. Doch zu seiner Enttäuschung stellte er schnell fest, dass er das Gitter ohne den passenden Schlüssel nicht anheben konnte. Max, der ihn argwöhnisch beobachtet hatte, sagte kühl: „Ich hab zwar keine Ahnung, was du da machst, aber wenn du den Abfluss öffnen willst, brauchst du den hier.“ Er hielt eine Art Schraubschlüssel in die Höhe. Wortlos nahm Jonas das Werkzeug, steckte es in die passende Öffnung und hob das Gitter an. Mit seinem Handy leuchtete er in den dunklen Hohlraum darunter. In einer Ecke versteckt, lag neben einem weiteren Brief eine kleine Box aus Edelstahl, die mit einem Zahlenschloss verriegelt war. Jonas öffnete neugierig den Brief, nur um ein neues Rätsel zu finden.

WELCHER CODE VERSTECKT SICH HIER?

① **411**

② **502**

③ **999**

①

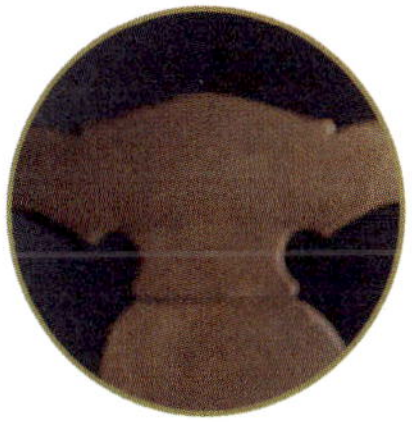

②

③

Diesmal hatte Jonas den Geistesblitz. „Da sind die Zahlen 7514, aber jede Ziffer hat noch mal ihre spiegelverkehrte Version vorangestellt bekommen!“ Er versuchte den Code in das Schloss einzugeben, was gar nicht so einfach war mit Fingern, die steif vor Kälte ihren Dienst versagten. „Ich hab langsam wirklich keine Lust mehr. Mit diesen Rätseln führt uns doch irgendwer an der Nase herum“, brummte er. Aber schließlich hatte er es geschafft und das Holztor schwang mit einem leisen Knarzen auf. Die verschneite Landschaft warf ein diffuses Licht in das Schwarz der Hütte. „Kann schon sein“, meinte Max, aber sollten wir dann nicht zumindest rausbekommen, wer dieser Witzbold ist und warum er es tut?“

Jonas seufzte, im Innern der Hütte konnte er aufgetürmtes Brennholz und Ballen aus Stroh erkennen. Vorsichtig trat er ein, nur um im nächsten Moment erschrocken zurückzuzucken.

„Spinnweben …“, sagte er und wischte sich die klebrigen Fäden aus dem Gesicht. „Hier war wirklich schon lange keiner mehr zum Saubermachen.“

Max folgte ihm und duckte sich dabei geschickt unter den unzähligen Spinnennetzen an den Deckenbalken hinweg. „Ich bin gespannt, was der Schuppen noch an Überraschungen für uns zu bieten hat.“ Er zog die Tür hinter sich zu und schaltete eine Deckenlampe in einem Metallkäfig ein. Jetzt war schon mehr zu erkennen, doch dafür schienen die Schatten in den Ecken noch dunkler geworden zu sein. Es roch nach Heu, aber auch nach Moder, und Jonas wünschte sich mehr denn je in seine aufgeräumte Stadtwohnung zurück.

Im hinteren Teil der Hütte stand ein alter grüner Schrank neben einem verrosteten Rasenmäher. Jonas trat näher und versuchte ihn zu öffnen, doch die Tür ging nicht auf. „Lass mich mal ran“, sagte Max und schlug mit einem Holzscheit mehrmals gegen das klapprige Schloss, bis es nachgab. Als sie sahen, was in dem Schrank verborgen war, zog Jonas scharf die Luft ein.

Neben einigem anderen Werkzeug stand auf dem Boden des Schranks eine riesige Axt. Die stählerne Schneide war mit etwas Dunklem verschmiert, und Jonas kniete sich hin, um sich einen besseren Blickwinkel zu verschaffen.

In diesem Moment hörte er plötzlich ein Knacken. Er drehte sich ruckartig um und blickte in Max' angespanntes Gesicht. Der hielt sich einen Finger vor die Lippen und deutete dann auf den Eingang. Jonas verstand: Das Geräusch war von draußen gekommen. Ganz leise schlich Max in Richtung Tür und riss sie dann mit einer schnellen Bewegung auf. Jonas hörte neuerliches Ästeknacken, diesmal klang es jedoch hektisch. Als er ebenfalls die Tür erreichte, sagte Max: „Jemand ist uns hierher gefolgt. Ich hab leider nur noch einen Schatten sehen können, dann hat der Typ sich aus dem Staub gemacht.“

Ein Gefühl der Bedrohung machte sich in Jonas breit. „Lass uns schnell weitermachen, ich bin froh, wenn wir aus der Gruselhütte rauskönnen“, meinte er und machte sich wieder daran, die Axt zu untersuchen. Er leuchtete mit seinem Handy auf das dunkle Blatt und stellte erleichtert fest, dass es nur getrockneter Schlamm war, der das Metall verunzierte.

„Schau mal hier drüben!“, rief Max ihn zu sich. Er stand an einer Holzwand, die eine kleine Abstellkammer vom restlichen Schuppen abtrennte. Jonas trat neben ihn und sah, dass eine Art Morsecode in die Holzwand geschnitzt worden war. „Aber wie sollen wir diesen Code lösen?“, fragte Max und studierte die Abfolge von Punkten und Strichen.

„Ich glaube, ich habe den Schlüssel dafür gefunden!“, rief Jonas' gedämpfte Stimme aus der Kammer heraus. „Auf dieser Seite der Wand steht, welche Kombination welchen Buchstaben symbolisiert.“

„Aber wie wollen wir das vergleichen, wenn beides in unterschiedlichen Räumen notiert ist?“, wollte Max wissen.

Jonas dachte nach, dann seufzte er: „Es bleibt uns wohl nichts anderes übrig, als zusammenzuarbeiten.“

Und so rief Max die einzelnen Morsezeichen durch die Holzwand hindurch, damit Jonas sie auf der anderen Seite identifizieren und auf einem leeren Regalbrett mit den Fingern im Staub notieren konnte. Doch das Lösungswort schien auf den ersten Blick keinen Sinn zu ergeben. Hatten sie einen Fehler gemacht?

WO GEHT FÜR JONAS DIE SUCHE WEITER?

1. **Im Schlachtraum**
2. **Im Wald**
3. **Im Büro des Vaters**

①

②

③

Jonas war sofort klar, dass der Notar ihn angelogen hatte. Seine Verspätung hatte nichts mit dem Mandanten in Sulzbrücken zu tun, denn bei einer Autofahrt von 30 Kilometern wäre das Auto warm geworden und sowohl der Schnee auf der Motorhaube wie auch das Eis auf den Scheiben wäre geschmolzen. Die Frage war nur, was Zwing zu verbergen hatte. Plötzlich kam ihm der geheimnisvolle Brief wieder in den Kopf. War bei dem Tod seines Vaters alles mit rechten Dingen zugegangen? Schließlich ging es um ziemlich viel Geld. Die Metzgerei war trotz starker Verluste im letzten Jahr ein kleines Vermögen wert. Schon möglich, dass da so mancher über Leichen gehen würde.

Jonas beschloss, gute Miene zum bösen Spiel zu machen, und fragte in seinem gewohnten Geschäftston, den er beim Marketing über Jahre kultiviert hatte: „Können wir das Ganze bitte einfach über die Bühne bringen?“ Gemeinsam gingen sie in die Büroräume des Metzgereibetriebs. Max zeigte ihnen den Weg, obwohl das nicht nötig gewesen wäre, da Jonas als Kind natürlich unzählige Male hier gewesen war. Erst an der Tür des Arbeitszimmers konnte Jonas ihn endlich abwimmeln. Er schloss die Tür und setzte sich zusammen mit dem Notar an den großen Mahagoni-Schreibtisch, der den Raum beherrschte.

„Sehen Sie, es ist so“, eröffnete Zwing das Gespräch, „Ihr Vater hat in seinem Testament vermerkt, dass Sie den Betrieb nur erben können, wenn Sie auch bereit sind, nach Lauffingen zu ziehen und die Geschäfte zu übernehmen. Die Metzgerei darf nicht verkauft werden, sie muss in Familienbesitz bleiben.“ Jonas fühlte den alten Groll in sich aufsteigen. Selbst aus dem Grab heraus wollte sein Vater ihn an dieses Kaff fesseln. Dem Notar schien diese Offenbarung ebenfalls unangenehm zu sein. Er spielte nervös mit einer goldenen Geldklammer herum, auf der eine Taube eingraviert war, während er fortfuhr: „Sie haben Zeit, das Testament bis Montag anzufechten. Wenn Sie bis dahin das Erbe nicht antreten, tritt eine andere Option in Kraft, die ich Ihnen leider nicht mitteilen darf, die aber für Sie wenig erfreulich sein wird.“ Jonas glaubte sich verhört zu haben. „Was soll das heißen? Heute ist schon Freitag!“, fragte er Zwing, doch der packte schon wieder seine Unterlagen zusammen und war im Begriff, das Zimmer zu verlassen. „Ich kann Ihnen leider wirklich nicht mehr dazu sagen.“

Nachdenklich sah Jonas dem Notar hinterher. Er fragte sich, ob die andere Option, von der die Rede gewesen war, den stellvertretenden Chef beinhaltete. Er beschloss, noch mal mit Max Wegner zu sprechen und auch das Rätsel des Briefs zu lösen. Vielleicht würde es ihm irgendwie auch bei dem Testament weiterhelfen. Mit entschlossenen Schritten ging er in den Verkaufsraum, doch Max war nirgends zu sehen. Aus dem angrenzenden Schlachtraum hörte er ein lautes Hacken. Er folgte dem Geräusch und fand Max, der gerade Schweinehälften mit einem Beil zerteilte. Da erstarrte Jonas plötzlich mitten in der Bewegung. Er hatte entdeckt, wohin ihn die geheimnisvolle Nachricht führen wollte.

WAS WIRD JONAS JETZT TUN?

① **Sich bücken**

② **Klettern**

③ **Etwas aufschneiden**

①

②

③

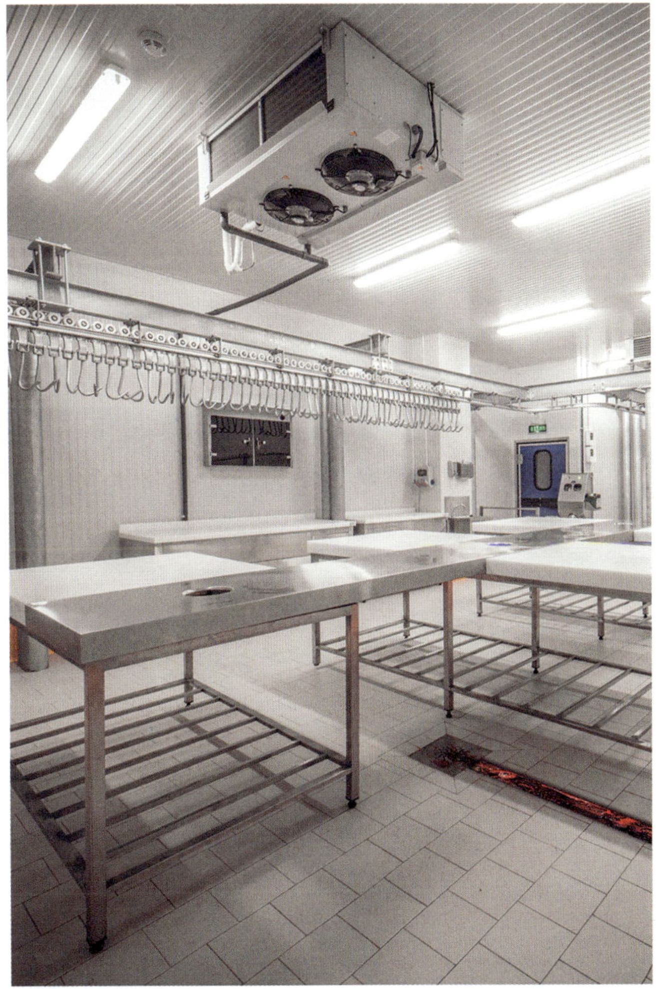

Max schlug sich an die Stirn. „Mensch, wir hätten eigentlich auch einfach ein Handyfoto von den Morsezeichen machen können, um sie zu vergleichen“, stellte er fest. „Ich glaube, ich werde alt …“ Er schüttelte über sich selbst den Kopf. „Aber was soll dieser Buchstabensalat bedeuten?“

„So ein Rätsel habe ich schon einmal gesehen, wir müssen die Buchstaben verschieben, also um eine Stelle im Alphabet nach vorne oder hinten. Wenn wir zum Beispiel nach vorne schieben, wird aus dem C ein B, aus dem V ein U, aus dem F ein E, das S wird zu R und P wird zu O. Macht BUERO“, kombinierte Jonas. „Clever“, musste Max zugeben, „ das heißt, wir müssen noch mal in die Metzgerei, in das Büro deines Vaters.“

Die beiden Männer verließen die unheimliche Hütte und gingen den Landweg zurück, der sie vorhin hergeführt hatte. „Ich habe das Büro gehasst“, brach Jonas unvermittelt das Schweigen, während der eiskalte Wind ihnen um die Ohren pfiff. „Mein Vater hat dort wesentlich mehr Zeit verbracht als mit mir und meiner Mutter. Als sie dann an Krebs gestorben war, hat er sich erst recht dort verkrochen. Hat mich in der leeren Villa allein gelassen.“

„Wie alt warst du da?“, fragte Max vorsichtig. „16. Also genau das Alter, in dem man eh nicht so genau weiß, wohin mit sich.“ Jonas rieb in den Jackentaschen seine Finger aneinander.

„Das tut mir leid“, sagte Max, der nicht recht wusste, wie er mit dieser plötzlichen Offenbarung umgehen sollte. „Falls es dich tröstet, ich hab überhaupt keinen Vater gehabt“, sagte er schließlich. „Meine Mutter hat mich ganz alleine großgezogen, und das mit dem Gehalt, das sie als Verkäuferin in der Metzgerei bekommen hat. Das war auch nicht immer ein Zuckerschlecken.“

„Deine Mutter hat auch schon in einer Metzgerei gearbeitet?“, fragte Jonas interessiert nach.

„Ja, dein Großvater hat sie eingestellt. Sie hat den Job geliebt. Tja, ich glaube, das hat wohl auf mich abgefärbt. Leider ist sie letztes Jahr gestorben.“

Jonas nickte, er konnte nun verstehen, warum Max so sehr daran gelegen war, den Betrieb am Leben zu halten.

Nach weiteren 15 Minuten im Schnee waren sie wieder bei der Metzgerei angelangt. Es war mittlerweile später Nachmittag geworden und das Geschäft hatte bereits geschlossen.

Max ging zu einem Hintereingang und drückte einmal mit Kraft gegen die Tür, die einfach aufsprang. „Das Schloss ist kaputt, ehrlich gesagt schon seit Monaten. Aber in einem Dorf wie Lauffingen ist das ja zum Glück kein Problem.“ Da hatte Jonas seine Zweifel, spätestens nach dem ersten Brief.

Gemeinsam stiegen sie die Stufen zum ersten Stock empor, in dem sich das Büro befand. Das Gebäude war totenstill, und Jonas fühlte sich wie ein Eindringling, als sie schließlich die ehemalige Machtzentrale seines Vaters betraten. Auf dem massiven Mahagoni-Schreibtisch lagen noch einige Stapel mit Akten, daneben ein teurer Kugelschreiber. In der Glasvitrine die verschiedenen Trophäen, die Manfred Schmitzgebel mit seinem Schinken gewonnen hatte.

„Er hat diese Metzgerei geliebt“, sagte Jonas nachdenklich, während er seine Hand über das glatte Leder des großen Schreibtischstuhls gleiten ließ. „Mein Vater hat diesem bescheuerten Schinken sein ganzes Leben gewidmet. Ich habe nie verstanden, wie man zwischen toten Schweinen und Rinderhälften glücklich sein kann.“

Max war mittlerweile bei einem Wandteppich stehen geblieben, der die verschiedenen Sternbilder zeigte. „Das sieht merkwürdig aus …“ , murmelte er. „Merkwürdig?“, fragte Jonas. „Den hat meine Mutter meinem Vater mal zum Geburtstag geschenkt, ich kann mich noch sehr gut erinnern. Er fand das Teil auch unglaublich hässlich, aber meiner Mutter zuliebe hat er es trotzdem aufgehängt.“

„Das meine ich nicht, ich meine diese Inschrift. Sie passt gar nicht zum Stil des restlichen Bildes.“ Jonas trat näher heran. Max hatte recht, sie hatten den nächsten Hinweis gefunden.

WO MÜSSEN SIE SUCHEN?

① **Auf dem Regal**

② **Unter dem Teppich**

③ **An der Decke**

①

②

③

Wie konnte es sein, dass ein Laubbaum um diese Jahreszeit noch alle seine Blätter trug? Da kam Jonas der alte Kirschlorbeerbaum in den Sinn, den irgendjemand vor vielen Jahren an der Landstraße gepflanzt haben musste. Denn heimisch waren diese Bäume hier im Schwarzwald nicht. Sie konnten tatsächlich das ganze Jahr über grüne Blätter tragen, doch dafür waren ihre Blätter und die Samen in den schwarzen Beeren äußert giftig. Jonas erinnerte sich, dass in der 6. Klasse der Hund eines Nachbarjungen gestorben war, nachdem er ein paar der Früchte gefressen hatte. Damals war er noch gerne Teil des Dorflebens und der vielen kleinen Geschichten und Dramen gewesen.

Der Audi passierte das gelbe Ortsschild von Lauffingen, auf dem sich bereits eine Schneeschicht gebildet hatte, sodass der letzte Teil des Dorfnamens verschluckt wurde. Rechts und links von ihm bauten sich Häuserfassaden auf, bei denen bereits der Putz abbröckelte und deren Farbe sich im Laufe der Jahre von Weiß zu schmutzigem Beige verwandelt hatte. Die Straße war eng, und Jonas merkte, wie in ihm das wohlbekannte Gefühl der Beklemmung aufstieg. Er hatte Lauffingen mit 18 Jahren verlassen, war froh gewesen, als das BWL-Studium ihm einen guten Grund gegeben hatte, warum er ausziehen musste.

Er hatte Freiheit haben wollen und nicht die Pflicht, jeden auf dem Bürgersteig grüßen zu müssen oder jeden dritten Tag den Rasen im Vorgarten zu mähen. Aber am schlimmsten waren die Erwartungen seines Vaters gewesen. Er hatte einfach nicht akzeptieren können, dass Jonas nicht den Metzgerei-Betrieb übernehmen und weiterführen wollte.

Mittlerweile war Jonas selbst über vierzig, groß und schmal, aber für sein Alter noch mit sportlicher Figur, geschieden, mit einer sieben Jahre alten Tochter und Leiter einer erfolgreichen Marketing-Agentur. Doch hier zwischen den Kulissen seiner Vergangenheit fühlte er sich wieder wie ein verlorener Teenager.

Er kam an dem ehemaligen kleinen Kino und dem einzigen echten Restaurant im Ort vorbei, bevor er um die Kurve bog und schließlich vor der Villa seines Vaters stand. Die Rollläden waren verschlossen, sodass die Fenster blind auf ihn herabstarrten.

Jonas parkte den Audi vor der Garage und zog sich seinen sündhaft teuren Wintermantel über Hemd und Pullover. Als er die Autotür öffnete, sog er tief die kalte Luft ein.

Der Geruch von verbranntem Holz stieg ihm in die Nase und bei einigen Nachbarhäusern drang dunkler Rauch aus dem Kamin. Jonas schritt über den eingeschneiten Kiesweg zum Eingang. Seine Stiefel knirschten, als sie durch die Schneedecke brachen und dabei unzählige kleine Eiskristalle zerbarsten. Zögernd öffnete er die große Haustür aus dunklem Eichenholz. In der Villa hatte sich nichts verändert. Alles schien so, als ob sein Vater im nächsten Moment aus der Küche treten und ihn begrüßen könnte. Selbst die Fernbedienung des Fernsehers lag noch auf der Lehne des Ledersessels, in dem Manfred Schmitzgebel es sich gerne gemütlich gemacht hatte.

Doch da fiel Jonas' Blick auf den Fußboden. Wie ein Fremdkörper lag dort ein weißer Umschlag auf dem Teppich. Als Jonas genauer hinsah, entdeckte er voller Überraschung, dass sein Name in Großbuchstaben auf den Umschlag geschrieben worden war.

Er hob den Brief auf und öffnete ihn. Er erblickte scheinbar sinnlose Buchstabenreihen und am unteren Rand einen seltsamen Halbkreis.

WELCHE FARBE SPIELT IN DEM BRIEF EINE WICHTIGE ROLLE?

① **Weiß**

② **Schwarz**

③ **Rot**

①

②

③

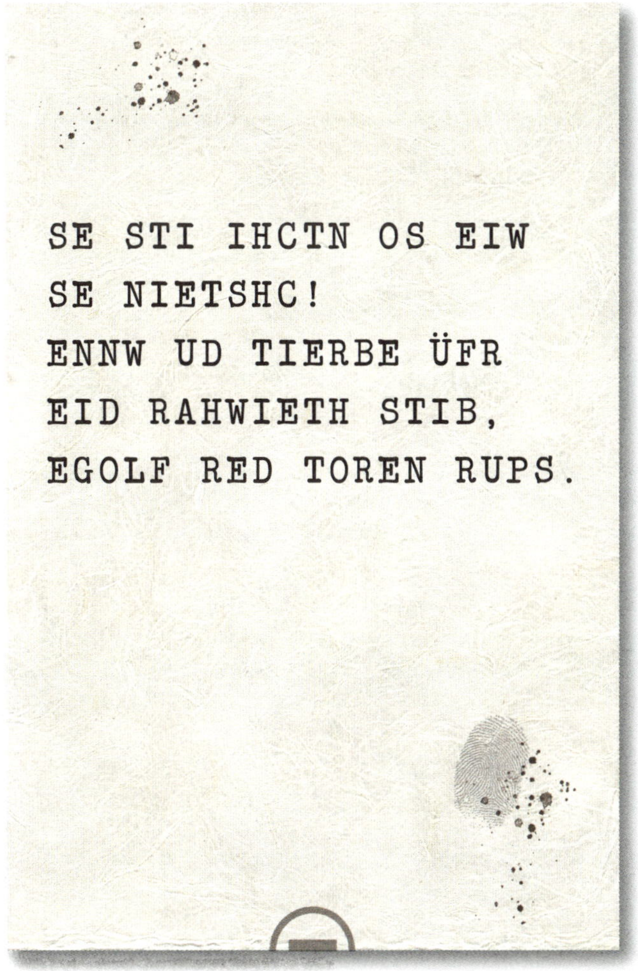

SE STI IHCTN OS EIW
SE NIETSHC!
ENNW UD TIERBE ÜFR
EID RAHWIETH STIB,
EGOLF RED TOREN RUPS.

Mit dem Licht des Handys ging Jonas in die Küche hinunter und füllte mit einem Glas ein wenig Wasser in die Lampe. Das Lampenöl schwamm obauf und erreichte so schließlich den Docht, den Jonas daraufhin entzündete.

Er sah in die kleine Flamme, die nicht besonders hell leuchtete, aber zumindest die absolute Finsternis durchbrach. Er nahm die Lampe mit nach oben und setzte sich wieder auf sein altes Bett. An der Wand hingen noch Poster des Fußballvereins, von dem er damals Fan gewesen war, und im Bücherregal standen neben abgenutzten Schulbüchern auch seine alten „Batman"-Comics, in denen er gedankenverloren anfing herumzublättern. Das hier war er gewesen. Damals. Mit den Gedanken in der Vergangenheit, döste er irgendwann wieder ein.

Als Jonas am Samstagmorgen erwachte, erwarteten ihn gleich zwei Überraschungen: Der Strom war wieder da, und es hatte die Nacht über so stark geschneit, dass der Schnee meterhoch die Landschaft bedeckte. Kein Auto war auf den weißen Straßen zu sehen. Er machte sich notdürftig frisch und öffnete dann die Haustür. Er sah, dass im Haus nebenan ein Nachbar, den er nicht kannte, versuchte, den Gehweg freizuschaufeln. „Guten Morgen!", rief Jonas herüber, der Mann hob den Arm zu einem Gruß. „Das nenne ich mal Schneechaos", sagte der Nachbar, sichtlich froh über einen Grund, seine Arbeit unterbrechen zu können. Er stützte sich auf die Schaufel. „Das ganze Dorf ist eingeschneit. Die Zufahrtsstraßen sind auch zu. Kein Auto kommt hier mehr rein oder raus. Deswegen waren auch noch keine Räummaschinen da."

Jonas fröstelte. Das bedeutete, dass er hier vielleicht mit einem Mörder festsaß. Und egal, was er mit diesen mysteriösen Briefen herausfinden würde, die Polizei würde ihm auch nicht helfen können. Denn die hatte ihre Station im zehn Kilometer entfernten Nachbarort.

Er wollte nicht bis zum Mittag abwarten, er musste etwas unternehmen. Und so machte er sich auf den Weg zur Metzgerei Gremmelsbacher. Der Typ mit den buschigen Augenbrauen gefiel ihm nicht. Und als Konkurrent hatte er ein klares Motiv, seinem Vater schaden zu wollen.

Nachdem er über eine halbe Stunde zu Fuß gebraucht hatte, um sich durch die Schneemassen zu kämpfen, stand er schließlich mit roter Nase vor einer großen Auswahl an Wurst- und Fleischwaren. „Bitte schön?", fragte ihn eine hübsche Frau, die ihre langen dunklen Haare zu einem Pferdeschwanz zusammengebunden hatte. Ihr offenes Lächeln ermutigte Jonas, und er beschloss, sich auf seinen Charme zu verlassen.

„Ich hätte gerne zwei Wiener Würstchen und ein paar Auskünfte", sagte er und grinste sie dabei an. Die Frau hob die Augenbrauen hoch. „Was für Auskünfte denn?", fragte sie, während sie die Würstchen auf die Waage legte. „Über Ihren Chef. Da hört man ja so einiges über den Gremmeslbacher …" Sie grinste zurück: „Was hört man denn so?"

In diesem Moment öffnete sich die Schiebetür erneut. Zu Jonas' Überraschung betrat Max die Metzgerei. „Was machst du denn hier?", fragte Jonas. „Ich wollte Marta besuchen." Max' Gesichtsfarbe wurde eine Spur röter. „Max und ich sind Freunde", sprang Marta ihm zur Seite. „Wir haben festgestellt, dass wir beide gerne blutrünstige Thriller lesen, da haben wir eine Art Lesekreis gegründet. Zugegeben, mit nur zwei Mitgliedern." Auf Max' Gesicht stahl sich ein Lächeln.

„Na, wenn wir beide schon hier sind, kannst du mir ja gleich sagen, was du nicht schreiben wolltest", sagte Jonas. „Aber nicht hier im Feindesland. Lass uns raus auf die Straße gehen." Max verabschiedete sich von Marta und versprach, sie später anzurufen und ihr alles zu erklären, dann traten sie auf den schneebedeckten Gehsteig.

Jonas blickte sich noch einmal um, bevor er das Kästchen aus der Tasche nahm und es an Max weiterreichte. „5, 0 und 2, jeweils die Anzahl der Finger, die du ausstreckst, wenn du Papier, Stein oder eben das Siegeszeichen formst“, sagte Max und drehte die Rädchen des kleinen Zahlenschlosses.

Mit einem Klacken sprang das Schloss auf und gab den Blick frei auf ein kariertes Blatt.

WELCHES WORT ERGIBT SICH?

① **Tragen**

② **Laufen**

③ **Feilen**

①

②

③

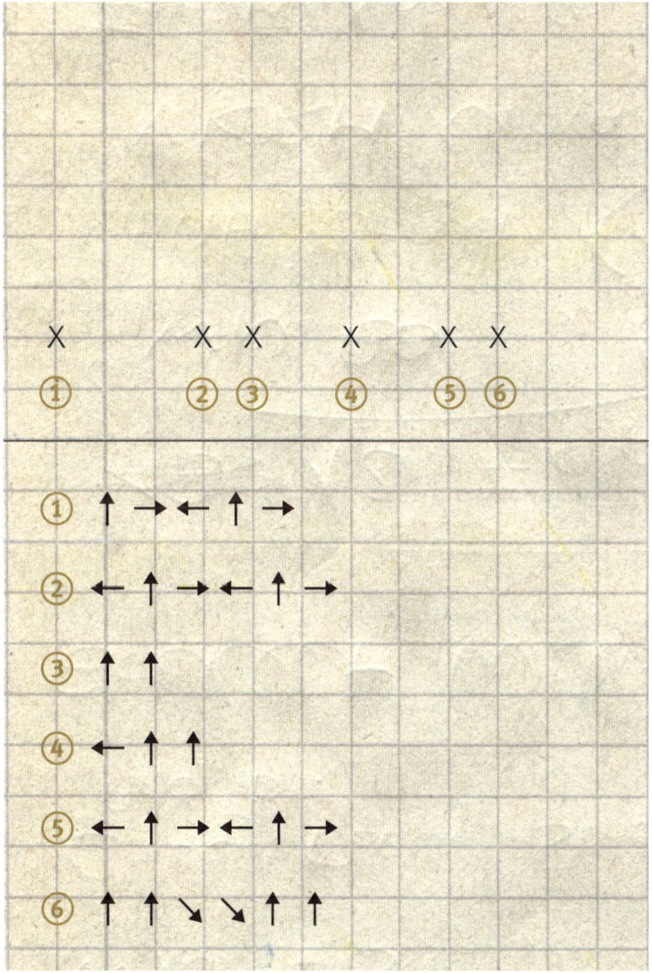

Max sah den Schlüssel ratlos an: „Ich habe absolut keine Ahnung, wo in Lauffingen ein Haus stehen soll, das gleich drei Hausnummern auf einmal hat …“ Er gab den Schlüssel samt Anhänger an Jonas weiter. „Was wäre, wenn die Zahlen gar keine Hausnummern sind, sondern für Buchstaben des Alphabets stehen?“, fragte der. „Hmmm … der 15. Buchstabe wäre ein O …“, rechnete Max nach, „der 13. ein M und der erste natürlich das A. Der Schlüssel gehört zum Haus deiner OMA!“

Das Haus der Großmutter befand sich am anderen Ende des Dorfes auf einem kleinen Hügel. Normalerweise wäre Jonas auf jeden Fall mit dem Audi dorthin gefahren, aber die Straßen waren immer noch komplett verschneit und kein Auto traute sich auf die winterliche Fahrbahn.

Wohl oder übel mussten sie sich schon wieder zu Fuß auf den Weg machen.

Jonas' Oma war vor drei Jahren verstorben, aber wegen Unklarheiten im Nachlass hatten sich bisher weder sein Vater noch dessen drei Geschwister um das Anwesen gekümmert. Und so rottete es vor sich hin, ohne dass es jemandem groß aufgefallen wäre.

Kein einziges Auto kam ihnen bei ihrem Marsch entgegen, und Jonas wurde noch einmal bewusst, dass er in diesem Dorf festsaß wie die Maus in der Falle. Er beschleunigte seine Schritte und nach einer guten halben Stunde hatten sie das Schneechaos besiegt und das alte Haus erreicht.

Der beige Putz war voller Schmutz und Moder, eins der Fenster sogar eingeschlagen, wie Jonas schockiert erkannte. Er steckte den Schlüssel in das Schloss und öffnete die Tür.

Innen empfing ihn noch immer der Geruch aus altem Fett und Eukalyptus, den er von dieser Wohnung kannte. Er wurde jedoch von einem leichten Schimmelgeruch und einer süßlichen Note überdeckt.

„Igitt“, sagte Max. Er hatte eine tote Ratte auf dem Fußboden der Küche entdeckt, die schon halb verwest war. „Jetzt stell dich mal nicht so an“, zog Jonas ihn auf, „wir haben gerade eine ganz Nacht zwischen Schweinehälften verbracht, da sollte dich so ein kleines bisschen Tod doch nicht erschrecken.“

„Ich muss zugeben, du hast dich ganz gut geschlagen, bist vielleicht doch kein so weicher Großstadt-Macho, wie ich zuerst dachte“, sagte Max, während er einen großen Bogen um die tote Ratte machte.

Sie gingen weiter ins Wohnzimmer des Hauses. Eine alte Couch aus grünem Samt, Perserteppiche auf dem Boden und eine Anrichte mit kleinen Porzellanfiguren, die seiner Oma heilig gewesen waren. Alles war von einer dünnen Schicht Staub bedeckt. An der gemusterten Tapete hing ein geschnitztes Holzkreuz und daneben viele teilweise vergilbte Fotos in Bilderrahmen, die Jonas zwar kannte, nun aber genauer studierte.

Auf einem Foto war eindeutig sein Vater zu sehen, wie er mit leuchtenden Augen sein neues Dreirad ausprobierte. Eine andere Aufnahme zeigte seinen Onkel und seine Tante.

Aber plötzlich entdeckte er ein Foto, das ihm fremd war. Es erregte sofort seine Aufmerksamkeit, denn er spürte, dass dieses Bild den Schlüssel zu seinen Fragen enthielt.

WELCHES FOTO ZIEHT JONAS SO IN DEN BANN UND WARUM?

① **A**

② **B**

③ **C**

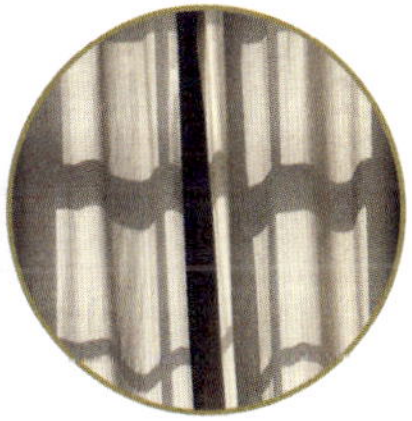

①

②

③

Jonas starrte auf das Rätsel, ohne sich einen Reim darauf machen zu können. Er war so vertieft, dass er gar nicht merkte, dass Max neben ihn getreten war und ihm nun neugierig über die Schulter sah. „Erinnert mich irgendwie an Schere, Stein, Papier… das habe ich als Kind sehr oft gespielt …“, murmelte Max, was Jonas dazu brachte aufzusehen. „Hey, schon mal was von Privatsphäre gehört?“, fragte er und steckte den Brief zurück in den Umschlag. „Bleib locker! Du kommst hier in die Metzgerei, zauberst seltsame Boxen und geheimnisvolle Nachrichten aus dem Abfluss und denkst, dass mich das nicht interessiert?“ Max sah ihn herausfordernd an. „Und dann willst du auch noch euer berühmtes Familienrezept für den Schwarzwälder Schinken an Gremmelsbacher verkaufen. Wo das doch die Überlebensgarantie für den Betrieb ist! Nicht mal mir hat es Herr Schmitzgebel verraten.“

„Bisher hab ich noch überhaupt nichts verkauft“, konterte Jonas. „Aber Gremmelsbacher hat recht damit, dass die Metzgerei im Moment nicht gut dasteht. Mein Vater war ein sehr guter Fleischer, aber leider kein guter Buchhalter. Ich werde morgen noch mal alle Unterlagen durchsehen müssen. Kannst du mir bei eventuellen Fragen weiterhelfen? Schließlich bist du der stellvertretende Chef.“ Den letzten Worten gab er einen spöttischen Unterton, was ihm sofort leidtat. Max schien mit Leib und Seele Metzger zu sein, es war verständlich, dass er den Betrieb retten wollte. Und offenbar ging er davon aus, dass Manfred Schmitzgebel seinem Sohn das Familienrezept für den Schwarzwälder Schinken schon zu Lebzeiten anvertraut hatte. Was zu Jonas' Bedauern leider nicht der Wahrheit entsprach. „Sorry, war nicht so gemeint, ich bin im Moment nur selbst von der Situation überfordert“, sagte Jonas, während er noch immer die verschlossene Metallbox in den Händen wog.

„Klar“, antworte Max knapp, und nachdem sie ihre Telefonnummern ausgetauscht hatten, machte Jonas sich in Gedanken versunken auf den Weg zum Haus seines Vaters. Mittlerweile hatte der Schnee schon den kompletten Bürgersteig bedeckt. Die Räummaschinen und der Streudienst waren noch nicht da gewesen, sodass Jonas bis zu den Waden im Schnee einsank. Der kalte Wind ließ ihn zittern, und als er endlich die Villa erreicht hatte, waren seine Hosenbeine voller Schnee. Er entfachte ein Feuer im Kamin und ließ seine gefrorenen Hände und Zehen langsam auftauen. Danach durchsuchte er das Haus nach irgendwelchen Hinweisen, fand aber nichts. Er gestand sich ein, dass er das Wochenende über bleiben musste. Wegen des Testaments und wegen der Briefe. Also seufzte er tief und legte sich dann mitsamt seinen Klamotten auf sein altes Kinderbett im ersten Stock.

Er musste eingeschlafen sein, denn um 23 Uhr weckte ihn plötzlich der Summton seines Handys. Jonas schaltete die Nachttischlampe ein und schaute blinzelnd auf das Display. „Ich hab die Antwort auf dein Rätsel. Morgen Treffen um 13:00 Uhr in der Metzgerei. Max“

Die Nachricht war eindeutig. Max würde ihm die Lösung nur persönlich verraten. Jonas fragte sich, zu was der Stellvertreter seines Vaters bereit war, um die Metzgerei am Leben zu halten. Konnte er etwas mit dem Tod seines Vaters zu tun haben? In diesem Moment flackerte die Lampe neben ihm kurz auf, bevor die Welt in Schwärze fiel. Ein Stromausfall. Nicht überraschend bei dem Wetter, vermutlich war irgendwo ein schneebedeckter Ast auf einen Strommast gefallen. Jonas leuchtete mit seinem Handy in den Raum. Er musste eine Kerze oder Taschenlampe finden, denn der Akku des Smartphones würde bald schlappmachen. Er erinnerte sich an die alte Petroleumlampe im Schlafzimmer seines Vaters. Doch als er sie erreicht hatte, musste er feststellen, dass der Docht so kurz war, dass er nicht in das Öl im unteren Teil der Lampe hineinragte.

WAS KANN JONAS TUN, UM DIE LAMPE TROTZDEM ANZÜNDEN ZU KÖNNEN, UND WAS HILFT IHM DABEI?

(1) **Wasserglas**

(2) **Streichhölzer**

(3) **Schere**

(1)

(2)

(3)

Jonas nahm die Kiste und drehte sie herum, sodass er die Zahlenreihe auf dem Kopf stehen sah.

Nun ergaben sich völlig andere Nummern als zuvor.
Aus 16 06 68 88 XX 98 wurde 86 XX 88 89 90 91, und damit war klar, dass der gesuchte Code die 87 war.

Er drehte die Rädchen auf die entsprechende Stelle und fühlte, dass er nun der Lösung aller Rätsel ganz nah war.

Auch Max setzte sich neben ihn auf eine der alten Matratzen und wartete gespannt.

In der Kiste war nichts, außer einem langen handgeschriebenen Brief. Jonas erkannte die Handschrift sofort. Es war die seines Vaters.

Er begann, laut zu lesen.

WISST IHR, WAS DER VATER MEINT?
DIE LÖSUNG FINDET IHR AUF EINER DER ÜBRIGEN DOPPELSEITEN.

Lieber Jonas, lieber Max,

wenn Ihr diesen Brief gefunden habt, bedeutet das zwei Dinge.

Erstens: Meine Herzoperation ist leider nicht so erfolgreich verlaufen, wie ich es mir gewünscht hätte.

Und zweitens: Ihr beide seid genauso clever, wie ich dachte.

Ich vermute, das Foto bei Oma hat Euch schon einen Verdacht nahegelegt, den ich nun gerne bestätigen möchte: Ja, Ihr beiden seid Brüder. Halbbrüder.

Es tut mir unendlich leid, dass ich mich nie getraut habe, es Euch persönlich zu sagen. Aber es war alles so kompliziert. Jonas, Du warst erst wenige Monate auf der Welt, aber Deine Geburt bedeutete eine harte Probe für meine Beziehung zu Deiner Mutter. Alles veränderte sich plötzlich, wir waren beide total überfordert und stritten uns nur noch.

Da lernte ich in der Metzgerei Maria kennen, Max' Mutter. Mit ihr konnte ich so herrlich unbeschwert sein, endlich wieder lachen. Ich verliebte mich in sie und sie sich in mich. An einem Abend im Mai taten wir, was wir nicht hätten tun dürfen. Ich beendete die Beziehung schweren Herzens, aber ich konnte und wollte meine Familie nicht aufs Spiel setzen. Dass sie damals schwanger wurde, hat Maria mir erst viel später erzählt.
Ich habe sie ab diesem Zeitpunkt finanziell so gut unterstützt, wie ich konnte, aber wir waren uns beide einig, dass die Identität von Max' Vater ein Geheimnis bleiben sollte.

Da aber nun sowohl Deine als auch Max' Mutter längst tot sind, wird niemand anderes mehr von dieser Enthüllung betroffen sein. Und ich denke, dass ich es Euch schuldig bin, die Wahrheit zu sagen.

Ich wollte, dass Ihr Euch so kennenlernt, wie ich Euch sehe. Du Jonas, stark, entschlossen und schlau. Und Max als Mann der Tat, mit Talent und Leidenschaft für den Job und dem Herz am rechten Fleck. Deshalb habe ich Euch gemeinsam auf diese Rätselreise schicken wollen, damit Ihr lernt, auf den anderen zu vertrauen. Es liegt nun an Euch zu entscheiden, wer von Euch beiden die Metzgerei erben und den Betrieb weiterführen will.

Bedenkt nur eins, und das ist mein letztes Rätsel für Euch:

Was haben die Armen im Überfluss und was fehlt den Reichen? Wenn man es isst, stirbt man. Und es ist das Einzige, was zwischen Euch steht."

Euer Euch liebender Vater

„Welches trägt kein Leben in sich?", las Max laut vor. „Seltsame Formulierung für einen Ort, an dem sich alles um tote Tiere dreht", murmelte Jonas.

„Also wenn ich die verschiedenen Sternzeichen so durchgehe, sind das eigentlich alles Tiere, von Jungfrau, Wassermann und Schütze mal abgesehen. Das einzige Zeichen, das den Namen einer Sache trägt, ist die Waage", schlussfolgerte Max und deutete mit dem Finger auf das entsprechende Sternzeichen auf dem Wandteppich.

Jonas sah sich im Raum um. Auf dem Regal stand eine alte Messingwaage, die sein Vater offensichtlich als dekorativ empfunden hatte. Jonas hatte als Kind immer damit spielen wollen, doch das war natürlich verboten gewesen.

Jetzt war niemand mehr da, der ihn daran hindern konnte, die kleinen Gewichte in die Hand zu nehmen. Er wog die einzelnen Metallzylinder in der Hand und sagte nachdenklich: „Er wollte immer, dass ich in seine Fußstapfen trete. Für meinen Vater war es unvorstellbar, dass ich einen anderen Beruf erlernen, ja sogar studieren wollte. Als ich ihm beichtete, dass ich mich für BWL eingeschrieben hatte, stimmte er nur unter großem Widerspruch zu. Wahrscheinlich war er am Ende froh gewesen, dass ich mich nicht für Medizin entschieden hatte. So konnte er immer noch hoffen, dass ich mit dem Wissen aus der Betriebswirtschaft doch noch irgendwann seinen Betrieb übernehmen würde."

Er stocke, als seine Finger plötzlich etwas unter einer der beiden Waagschalen ertasteten.

„Da klebt etwas!", rief er aufgeregt und dreht die Waage kurzerhand auf den Kopf.

Es war ein Zettel, der ordentlich zusammengefaltet worden und dann mit Klebeband an der Schale befestigt worden war.

„Ich wüsste ja wirklich zu gern, welches kranke Hirn uns diese ganzen Rätsel hinterlässt und warum", sagte Max, während Jonas vorsichtig versuchte, das Papier abzulösen, ohne es zu zerreißen.

In diesem Moment summte es rhythmisch und Max zog sein Handy aus der Hosentasche. Als er den Anrufer auf dem Display erkannte, ging er schnellen Schrittes aus dem Zimmer und schloss die Tür hinter sich. Jonas, der neugierig geworden war, schlich sich zur Tür und versuchte zu verstehen, was gesprochen wurde, doch das Einzige, was er aufschnappte, war „Das hätte ich mir denken können ... gut, dass du angerufen hast" und „mache ich".

Kurz bevor Max die Tür wieder öffnete, war Jonas einen Meter zurückgetreten und hatte scheinbar seine ganze Konzentration auf die Waagschale und den Zettel gerichtet. Mit einem letzten Ruck zog er ihn ab, während er beiläufig fragte: „Irgendwelche Neuigkeiten?"

„Das war Marta. Sie wollte uns warnen. Sie hat beobachtet, wie Gremmelsbacher uns verfolgt hat, als wir vor seiner Metzgerei zur Feilen-Hütte aufgebrochen sind. Jetzt wissen wir auch, wer der Schatten war, der im Wald verschwunden ist."

Jonas war sich nicht sicher, ob er Max glauben konnte, doch es blieb ihm erst mal nichts anderes übrig. Er entfaltete die neue Nachricht und erblickte verschiedene Fotos mit mysteriösen Motiven.

WAS BRAUCHEN JONAS UND MAX JETZT?

(1) Skier | (2) Jacken | (3) Taschenlampen

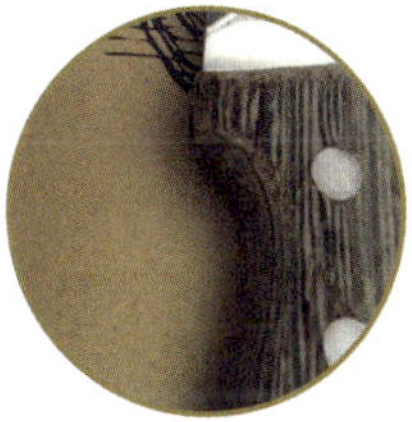

(1)

(2)

(3)

1) **Qualle = SCH**

2) **Buchseiten = MEH**

3) **Pilz = KÜH**

1) **Glas = LER**

2) **Drahtgitter = IRA**

3) **Flügel = LRA**

1) **Blume = UM4**

2) **Gefieder = IM3**

3) **Koralle = AM5**

Mit etwas Geduld gelang es Ihnen, den richtigen Draht zu kappen. Der Summton der Lüftung verstummte und Jonas fiel ein Stein vom Herzen. Er hatte langsam wirklich keine Lust mehr auf Wintertemperaturen. Die nächsten vier Stunden hockten sie auf zwei umgedrehten Plastikeimern, die sie unter dem Waschbecken gefunden hatten, und unterhielten sich. Und als es zwei Uhr vorbei war, legten sie sich widerwillig auf den metallenen Schlachttisch, der immer noch mehr Komfort versprach als der mit alten Blutflecken verfärbte Boden. Es war ziemlich eng auf der Liegefläche, und die beiden Männer versuchten ihr Bestes, um die peinliche Situation irgendwie zu ignorieren. Schließlich schliefen sie nebeneinander ein, und Jonas wurde bewusst, dass er tief in seinem Innersten froh war, dass Max sich an seine Fersen geheftet hatte und er in dieser Nacht nicht alleine im Kühlraum eingesperrt war.

Um kurz nach acht am Sonntagmorgen wurde Jonas von einem Kratzgeräusch geweckt. Es war der Metallhebel, mit dem jemand von außen die Tür öffnete. Er sah neben sich, doch Max stand bereits vor dem Eingang und wartete ungeduldig. „Franz!", rief er schließlich. „Ich war noch nie so froh, dich zu sehen!" Er umarmte den alten Mann dankbar, der offensichtlich nicht recht wusste, wie ihm geschah. Franz hielt dabei einen großen Holzkeil in der Hand, der die Tür offensichtlich blockiert hatte.

„Komm, Jonas, wir nehmen den Eisblock mit nach oben. Da haben wir warmes Wasser, so können wir ihn schneller auftauen!" Das ließ sich Jonas nicht zweimal sagen. Mit steifen Gliedern schwang er sich von dem Tisch und hob den schweren Eisklotz auf, der im Laufe der Nacht nur minimal an seiner Größe verloren hatte.

Im Schlachtraum angekommen, legten sie den Eisquader in das Waschbecken und stellten heißes Wasser an. Es dauerte kurz, doch dann konnten sie förmlich dabei zusehen, wie der Brocken immer kleiner wurde. Plötzlich hörten sie ein lautes Klopfen.

Jonas ging nach vorne in den Verkaufsraum und erblickte einen dicken Mann in schwarzer Steppjacke. Gremmelsbacher pochte gegen die Scheibe, und als er Jonas erblickte, bedeutete er ihm, dass er ihn reinlassen sollte. Jonas ging zur Schiebetür, die sich jedoch von selbst öffnete, bevor er etwas tun konnte.

„Dachte ich mir doch, dass ich dich hier finde. Ich wollte meinem Angebot von gestern noch mal Nachdruck verleihen." Er griff in die Innentasche seiner Jacke und zog ein ganzes Bündel Geldscheine hervor, das von einer goldenen Geldklammer mit Tauben-Gravur zusammengehalten wurde.

„20000 Euro bar auf die Hand, keiner wird davon erfahren. Du musst mir nur das Rezept für den Schinken überlassen." Er beugte sich nach vorne und fuhr in verschwörerischem Ton fort. „Dir kann es doch egal sein, was mit dem Betrieb passiert, oder?"

Jonas versuchte sich seine Irritation nicht anmerken zu lassen. Wusste Gremmelsbacher vom Inhalt des Testaments? Und wenn ja, was bedeutete das? Hatte er sie heute Nacht in der Kälte eingesperrt, um ihm Zeit zu rauben? Und hatte er seinen Vater auf dem Gewissen? „Ich verkaufe das Rezept nicht", sagte er laut. Gremmelsbachers kleine Augen wurden zu Schlitzen. „Du machst einen großen Fehler …", antwortete er mit drohendem Unterton.

„Wenn Sie mich jetzt bitte entschuldigen würden?" Jonas deutete auf den Ausgang.

Nachdem Gremmelsbacher gegangen und Jonas in den Schlachtraum zurückgekehrt war, wurde er bereits von einem ungeduldigen Max erwartet. Der Eisblock war bis auf ein eigroßes Stück verschwunden und in der Hand hielt der blonde Metzger einen kleinen Schlüssel mit Adress-Anhänger.

ZU WESSEN HAUS KÖNNTE DER SCHLÜSSEL PASSEN?

① **Jonas' Vater**

② **Gremmelsbachers Vater**

③ **Schmitzgebels Mutter**

①

②

③

„Zusammengesetzt ergibt sich das Wort ‚Kühlraum 4'!“, rief Max, nachdem er alle Bildausschnitte richtig zugeordnet hatte. „Wir sollten lieber unsere Jacken mitnehmen, da unten ist es fast genauso kalt wie in der Schneehölle draußen“, warf er Jonas zu und stopfte sich seine Daunenjacke unter den Arm.

Sie stiegen das Treppenhaus hinunter in den Keller, in dem es bereits so kühl war, dass Jonas schon jetzt froh war, dass er auf Max' Rat mit der Jacke gehört hatte. Der Boden war braun gefliest und die Neonröhren warfen ein zittriges Licht auf die unwirkliche Szenerie. Kein Laut war zu hören, und Jonas fühlte sich, als ob er selbst gerade zur Schlachtbank geführt werden würde. Nachdem sie drei silberne Stahltüren passiert hatten, öffnete Max die letzte Tür in dem Gang mit einem großen Hebel.

Die weißen Fliesen bedeckten die Wände bis hinauf zur Decke. In der Mitte gab es einen großen Tisch aus Edelstahl und in einer Ecke stand ein Wurstkutter neben einem großen Eisschrank. An einer Metallschiene hingen mehrere Schweinehälften. Eins der Schweine war noch nicht zerteilt worden und starrte mit seinen toten Augen auf den grauen Betonboden.

„Gemütlich“, meinte Jonas trocken, wobei sein Atem eine kleine Wolke in der Luft hinterließ. Max schloss die Tür hinter ihnen, um die kalte Luft nicht entweichen zu lassen, und begann sich sofort umzusehen. Auch Jonas fing an, die Schweinehälften genauer unter die Lupe zu nehmen.

„Was läuft da eigentlich zwischen dir und Marta?“, fragte er Max.

„Hat sie doch gesagt: Wir sind Freunde“, wehrte dieser ab. „Von wegen“, meinte Jonas, „ich hab doch gesehen, wie du sie anschaust. Und sie scheint ja auch wirklich eine tolle Frau zu sein.“

„Lass bloß deine Finger von ihr, du weißt sie ja gar nicht zu schätzen!“, sagte Max finster. „Sie ist wirklich eine fantastische Metzgerin und dieser Mistkerl Gremmelsbacher nutzt sie total aus. Ich hab schon die ganze Zeit darauf gewartet, dass eine Stelle bei uns frei wird, damit sie dort kündigen kann. Aber Herr Schmitzgebel meinte, dass er im Moment leider eher Stellen ab- als aufbauen müsse.“

„Keine Sorge wegen Marta“, sagte Jonas während er sich die Hände warm rieb. „Ich habe eine siebenjährige Tochter und eine – zugegebenermaßen – geschiedene Frau in München. Das reicht mir erst mal an Verpflichtungen.“ Jonas machte sich auf den Weg zum Ausgang. „Ich hol mir noch schnell meine Mütze, die hab ich vorhin oben vergessen. Könnte ja sein, dass wir uns hier etwas länger aufhalten müssen.“ Doch als er die Tür öffnen wollte, konnte er sie keinen Millimeter bewegen.

„Lass mich mal!“, sagte Max, doch auch er hatte keinen Erfolg. „Jemand muss die Tür von außen blockiert haben. Wir sind hier drin gefangen“, fluchte er und warf sich noch einmal mit all seinem Gewicht gegen das Hindernis. Die Tür hielt stand, nur Max landete bei dem Versuch auf dem Hosenboden. Als Jonas ihm die Hand entgegenstreckte, um ihm aufzuhelfen, fiel Max' Blick auf die Decke des Raums.

Dort stand in einer Ecke mit roten Buchstaben eine Nachricht auf dem weißen Untergrund.

WAS MÜSSEN SIE GLEICH TUN?

① **Etwas öffnen**

② **Klettern**

③ **Etwas entfernen**

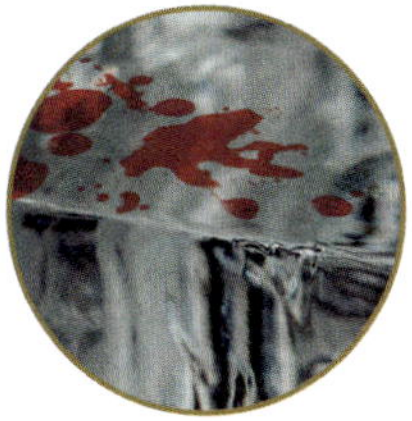

①

②

③

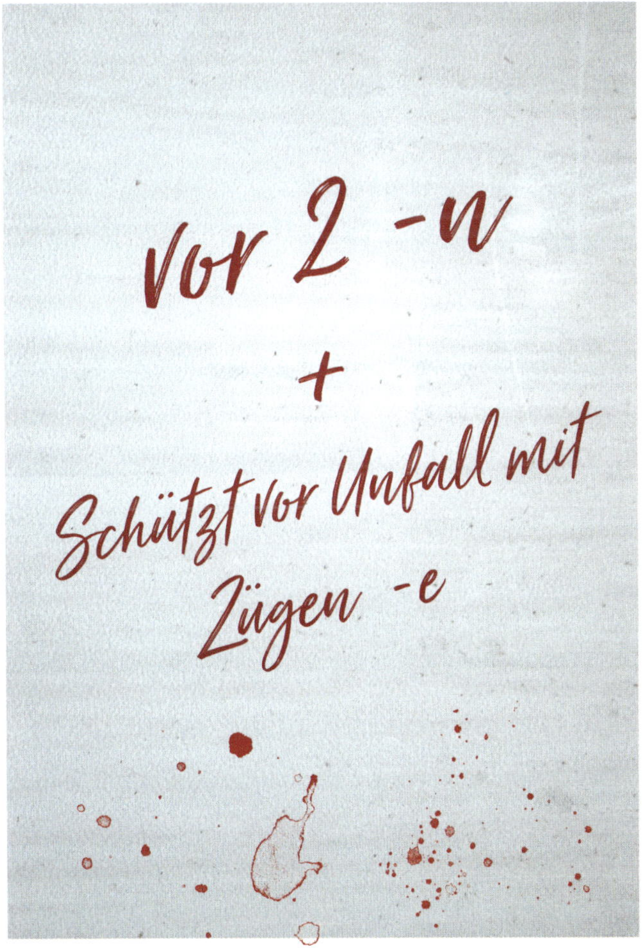

Jonas nahm einen roten Kugelschreiber mit dem Logo seiner Marketingagentur aus der Innentasche seines Mantels und folgte den Anweisungen, die auf dem Blatt standen. „Ein Kästchen nach oben, ein Kästchen nach rechts, wieder ein Kästchen zurück nach links, eins nach oben und dann rechts. „Das ergibt ein ‚F'!", rief Jonas aufgeregt. So erschien nach und nach vor seinen Augen das Wort FEILEN auf dem Papier. „Und jetzt?" Er blickte fragend zu Max. „Soll ich vielleicht zum nächsten Werkzeughandel gehen oder noch besser meine Fingernägel maniküren?"

Max schwieg einen Moment. Dann schien er sich einen innerlichen Ruck zu geben.

„Ich denke, ich weiß, was damit gemeint ist", sagte er und sah Jonas fest an. „Aber ich will bei der weiteren Reise dabei sein.Ohne mich scheinst du eh nicht weit zu kommen." Ein verschmitztes Lächeln huschte über sein breites Gesicht.

Jonas überlegte. Auch wenn er nicht wusste, ob er Max trauen konnte, schienen sie zumindest ein gemeinsames Ziel zu haben: die Rätsel zu lösen und wahrscheinlich auch an das Familienrezept für den Schwarzwälder Schinken zu kommen.

„Also gut", sagte er und schob den Zettel und seine Hände tief in seine Jackentaschen, um sie ein bisschen aufzuwärmen.

„Damit muss die alte Feilen-Hütte gemeint sein! Sie steht am Waldrand und wurde seit dem Tod des alten Feilen nicht mehr benutzt. Er hatte keine Kinder, und die Gemeinde hat nicht genug Geld, um sich darum zu kümmern."

„Na dann! Du weißt, wo wir hinmüssen", sagte Jonas und zeigte Max mit dem ausgestreckten Arm, dass er ihm den Vortritt ließ.

Die beiden Männer stapften stumm nebeneinander her. Jonas' teurer Wintermantel schützte ihn zwar vor der Kälte, aber seine dunkelblaue Chino-Hose war alles andere als outdoorgeeignet. Er sah zu Max hinüber. Der hatte eine dicke khakifarbene Daunenjacke an und im Gegensatz zu ihm trug er dicke Winterstiefel. Mit seiner Pudelmütze auf dem Kopf und dem schlaksigen Gang erinnerte er Jonas ein wenig an seinen Vater. Doch der war selten mit ihm im Schnee spazieren gegangen.

Max bemerkte Jonas' Blick. „Ich weiß schon, dass du lieber alleine losgegangen wärst", sagte er düster.

„Du hast keine Lust auf uns Dorfdödel. Aber ein großes Auto und schlaue Worte helfen dir vielleicht in München weiter. Hier sieht das anders aus."

Jonas überlegte, dann fragte er, ohne auf Max' Stichelei einzugehen: „Du kennst Marta also gut?" Als keine Antwort kam, hakte er nach. „Was hat sie dir über Gremmelsbacher erzählt? Weißt du, wie seine Geschäfte laufen?"

„Der Großkotz hat selbst seine Probleme." Max schoss mit dem Fuß einen Eisklumpen weg. „Der schreckt wirklich vor nichts zurück, um seine Mitarbeiter auszunutzen oder seine Geschäftspartner über den Tisch zu ziehen. Aber Marta hat mir verraten, dass er eine Klage am Hals hat und ziemlich viele Schulden. Deswegen will er auch unbedingt das Schmitzgebel-Rezept für den Schinken. Er will das Original mit Billigfleisch kopieren und so die dicke Kohle kassieren."

Das war eine interessante Information, dachte Jonas, während sie sich endlich dem Waldrand näherten. Vor den schneeweißen Skeletten der kahlen Bäume zeichnete sich ein dunkler Umriss ab. Verwitterte Balken, die unter der Last des schneebedeckten Daches zu ächzen schienen. „Abgeschlossen“, stellte Jonas fest und rüttelte an der Tür des alten Schuppens.

Dann sah er, dass auf dem Schloss etwas eingraviert war. Eine Art Code. „Nicht schon wieder ein Rätsel!“, stöhnte er.

WIE LAUTET DER CODE?

① **7514**

② **8653**

③ **3217**

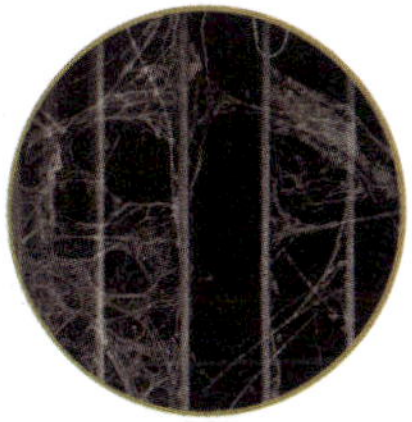

①

②

③

„Das ist wie ein Rebus-Rätsel nur ohne Bilder“, murmelte Jonas. „Vor der Zwei kommt die Eins, und wenn wir da das N rausnehmen, bleibt ‚Eis‘ übrig.“

„Und vor dem Unfall mit einem Zug schützt die Schranke“, führte Max den Gedanken fort. „Ohne E also Schrank, und das zusammen ergibt …“ „Eisschrank!“

Die beiden Männer hatten das Wort beinahe gleichzeitig ausgesprochen, was sie trotz ihrer Gefangenschaft kurz grinsen ließ.

„Ich würde sagen, wir haben im Moment eh nichts Besseres zu tun“, konstatierte Max. „Die Handys haben hier unten keinen Empfang, wir können also keine Hilfe holen. Aber morgen früh kommt der alte Franz vorbei. Er schaut sonntags immer nach dem Rechten. Bis dahin müssen wir durchhalten und können uns also voll und ganz auf den Eisschrank konzentrieren.“

Sie gingen wieder hinüber zu dem silbernen Schrank und öffneten ihn. Er war komplett leer, bis auf einen großen viereckigen Eisklotz, in dessen Innerem etwas eingefroren zu sein schien.

Sie nahmen ihn heraus und stellten ihn auf den Boden.

„Es wird wohl ziemlich lange dauern, wenn wir das Eis bei diesen Temperaturen auftauen wollen“, meinte Jonas und rieb mit seinen Händen über die glatten Außenseiten des Quaders.

„Wir können ja auch ein bisschen Muskelkraft zu Hilfe nehmen“, sagte Max. Er hatte eine Fleischsäge in die Hand genommen und versuchte nun, das Eis kleinzukriegen. Doch schon beim ersten Versuch rutschte er ab und ritzte sich die Hand auf. Ein paar rote Blutstropfen fielen auf das Eis und Max fluchte laut.

„Geht es?“, fragte Jonas und hielt ihm ein Handtuch hin, das er neben einem Waschbecken gefunden hatte.

„Ja, ist nicht so schlimm“, antwortete Max und drückte sich den Stoff auf die Wunde, um die Blutung zu stoppen. „Das mit dem Metzger sollte ich mir vielleicht echt noch mal überlegen. Mir passieren solche Sachen irgendwie ständig.“ Er zeigte seine andere Hand, und Jonas entdeckte einige Narben, die ihm vorher nicht aufgefallen waren und die wahrscheinlich von abgerutschten Fleischermessern stammten.

„Hat schon früh angefangen“, erzählte Max. „Ich bin mit knapp drei Jahren die Treppe runtergefallen. Hab mir beide Schneidezähne abgeschlagen. Ich kann dir sagen, von mir gibt es wirklich wenige schöne Kinderfotos …“

Jonas musste lachen. „Wem sagst du das! Ich sehe auf jedem Foto aus wie ein Mädchen, weil meine Mutter mir nie die Haare geschnitten hat. Diese tollen Locken, hat sie immer gesagt, ich glaube aber, dass sie bloß gerne ein Mädchen haben wollte.“

Jetzt musste auch Max lachen „Hast dich aber ganz gut gemacht“, sagte er und klopfte Jonas auf die Schulter.

„Ich würde sagen, wir vertagen das mit dem Eisblock und versuchen erst mal unsere Lage hier zu verbessern. Ich hab echt keine Lust mehr auf Eisfüße. Wenn wir hier wirklich bis morgen früh durchgekühlt werden, können wir die Lungenentzündung schon mal in unseren Kalender eintragen“, sagte Jonas und trat an die Temperaturanzeige, neben der ein riesiger metallener Block an der Decke hing. „Wenn das Teil hier für die Kälte zuständig ist, können wir es vielleicht lahmlegen.“

Max hatte aus einer Schublade einen Schraubenzieher gezogen, mit dessen Hilfe er nun die Abdeckung der Klimaanlage abmontierte. Dahinter war ein komplizierter Schaltkreis zu sehen.

WELCHES KABEL MÜSSEN SIE KAPPEN, UM NUR DEN STROM DER KÜHLUNG AUSZUSCHALTEN?

---

① | ② | ③

①

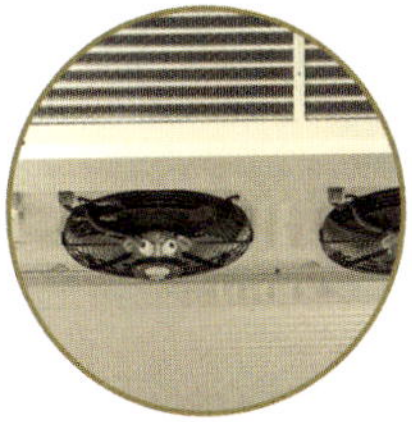

②

③

Jonas konnte den Blick nicht von dem Foto abwenden. Er war sich ganz sicher, dass es früher nicht an dieser Stelle gehangen hatte. Er erkannte sich. Er konnte sich nicht an den Moment erinnern, als die Aufnahme gemacht worden war, damals war er gerade mal drei Jahre gewesen. Aber er glaubte zu wissen, wer der Junge im selben Alter war, der neben ihm vor seinem Vater stand.

Max bemerkte Jonas' Konzentration und fragte: „Hast du was gefunden?"

Als Jonas nicht antwortete, trat er näher und betrachtete ebenfalls das alte Foto. „Das bin ja ich!", rief er. „Da siehst du mein kaputtes Gebiss." Er lachte, dann stockte er. „Moment mal, bist du das mit den Locken?"

Jonas nickte und nahm das Bild von der Wand. „Offensichtlich kennen wir beide uns schon wesentlich länger, als wir dachten … aber was hat das zu bedeuten?" Eine Ahnung stieg in ihm auf, die er aber noch nicht aussprechen wollte.

Stattdessen sagte er: „Weißt du, dass Gremmelsbacher vorhin noch mal im Laden war? Er wollte mir das Rezept abkaufen, hat mir 20000 Euro entgegengestreckt." „Dieses geldgierige Schwein!", schimpfte Max. „Ich hoffe, du hast ihm nichts gesagt?" „Natürlich nicht. Könnte ich auch gar nicht, denn mir hat mein Vater das Familienrezept auch nicht verraten." Max stutzte. Damit hatte er offensichtlich nicht gerechnet. „Echt jetzt? Aber dann kannst du den Laden auch genauso gut Gremmelsbacher in den Rachen werfen. Ohne unseren berühmten Schinken werden wir nie aus den roten Zahlen herauskommen."

Jonas seufzte. „Selbst dazu bin ich nicht in der Lage. Ich werde den Betrieb nicht erben, es sei denn, ich erkläre mich dazu bereit, nach Lauffingen zu ziehen und ihn selbst weiterzuführen, damit die Metzgerei in Familienhänden bleibt. Das ist aber keine Option für mich, ich wäre ein wirklich schlechter Metzger und ich habe meine Tochter in München. Die werde ich für kein Geld der Welt verlassen. Du wärst der viel bessere Nachfolger für den Posten."

„Ich? Dann könnte die Firma auch gleich Konkurs anmelden. Ich habe keine Ahnung von Zahlen und die Schulden aus dem letzten Jahr werden uns bald zu extremen Sparmaßnahmen zwingen. Ob Gremmelsbacher weiß, dass du die Metzgerei gar nicht erben wirst?", fragte Max. „Dann wäre es für ihn natürlich ein gefundenes Fressen, unserem Betrieb beim Sterben zuzusehen und vorher noch schnell das Geheimrezept einzukassieren."

Da kam Jonas eine Idee. „Ich glaube, Gremmelsbacher weiß tatsächlich mehr, als er zugibt, und ich weiß auch, woher! Der Notar hat bei unserem Gespräch immer mit so einer Geldklammer herumgespielt, genau die gleiche, die Gremmelsbacher auch bei dem Bündel Geldscheine hatte, das er mir andrehen wollte. Und dann diese bescheuerte Ausrede des Notars, warum er zu spät gekommen ist. Ich vermute, Zwing hat kurz vor unserem Treffen mit Gremmelsbacher geredet und dabei vertrauliche Informationen an ihn verkauft."

Jonas hatte während des Gesprächs den Bilderrahmen mit dem Foto nicht aus den Händen gelegt, und als er ihn jetzt gedankenverloren auf die Rückseite drehte, fiel ihm ein weiterer Brief auf, der hinter das Bild geklemmt worden war.

WO FÜHRT SIE IHRE SUCHE HIN?

(1) **Badezimmer im ersten Stock**

(2) **Spielzimmer auf dem Dachboden**

(3) **Speisekammer im Keller**

(1)

(2)

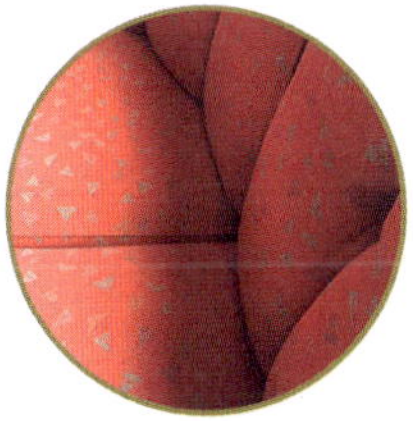

(3)

„Das K steht im O …“, wiederholte Max. „K in O, KinO! Wir müssen zum Lauffinger Lichtspielhaus, das kleine Kino, das seit Langem nicht mehr in Betrieb ist!“

So schnell sie konnten, stiegen sie die Stufen und dann Treppe hinunter und machten sich auf den Weg. Als sie auf der schneebedeckten und verwaisten Straße unterwegs waren, summte erneut Max' Handy.

„Wo bist du denn die ganze Zeit?“, fragte Marta aufgeregt. „Ich hab dir bestimmt schon hundert Nachrichten geschrieben!“ „Ich habe mit Jonas die Rätselspur verfolgt. Lange Geschichte, muss ich dir später erzählen. Was gibt es denn so Dringendes?“

„Ich bin gestern Abend noch mal in die Metzgerei gegangen und habe heimlich Gremmelsbachers Büro durchsucht. Dabei habe ich Unterlagen gefunden, die ganz klar beweisen, dass er damals für den versalzenen Schinken bei Schmitzgebel verantwortlich war. Er hat die Behälter manipuliert, in denen das Fleisch in der Salzlake aufgeschichtet wurde.“ Martas Stimmte klang eindringlich. „Wer weiß, wozu er noch fähig ist, dieser Kriminelle.“

„Vermutlich dazu, uns im Kühlraum einzusperren und zu riskieren, dass wir dabei an einer Lungenentzündung sterben“, antwortete Max finster. „Wir sind auf dem Weg zum alten Kino, kannst du dorthin kommen? Bring die Unterlagen mit, dann besprechen wir gemeinsam, wie wir weitermachen!“ Er legte auf und erzählte Jonas schnell, was Marta herausgefunden hatte.

„Wir müssen zur Polizei gehen und ihn anzeigen“, sagte Jonas. „Aber im Moment kommen wir hier nicht raus und die nicht rein. Wir müssen ihn so lange in Schach halten, bis die Straßen wieder frei sind.“

Als sie schließlich bei dem alten Kino ankamen, war es dunkel geworden. Die Tür war zwar verschlossen, doch eins der Fenster war kaputt, und so konnten die beiden in das Gebäude einsteigen. Innen empfing sie der Glanz früherer Tage. Spiegelsäulen im Foyer, weiße Anzeigetafeln mit schwarzen Schiebebuchstaben, die ein Witzbold zu „Fuck Lauffingen“ zusammengestellt hatte. Hinter der früheren Kasse hing ein altes Werbeplakat, auf dem ein kleines Schwein in einer Sprechblase warb: „Mein Schinken ist der beste! Die Metzgerei Schmitzgebel freut sich auf Ihren Besuch!“

„Das muss es sein!“, rief Jonas. Er lief zu dem Plakat, riss es von der Wand und fand dahinter einen Brief. Er entfaltete ihn und ein Stein fiel ihm vom Herzen: Es war das Vermächtnis seines Vaters, es war das Familienrezept für den Schwarzwälder Schinken. Max und er umarmten sich, froh darüber, dieses letzte Geheimnis gelüftet zu haben.

Gemeinsam gingen sie auf die Straße, wo sie schon von Marta erwartet wurden. Übermütig nahm Max sie in die Arme und wirbelte sie durch den Schnee. „He, was soll das denn?“, fragte sie mit gespielter Empörung, wehrte sich jedoch nicht.

In diesem Moment hörten sie Motorengeräusch. Sie blickten sich um und entdeckten das flackernde Blaulicht eines sich nähernden Polizeiautos. Jonas sprang auf die Straße, um das Fahrzeug zu stoppen. Der Polizist fuhr die Scheibe herunter und Jonas fragte: „Sind die Straßen wieder frei?“ „Ja“, antwortete der Beamte, „deswegen sind wir hier. Wir wollten schauen, ob es irgendwelche Schäden durch den Schneesturm gegeben hat.“

„Nicht dass wir wüssten“, antwortete Jonas, „Aber wir hätten da etwas anderes für Sie, ein paar interessante Unterlagen.“ Marta hielt dem Polizisten einen großen braunen Umschlag hin. Max trat ebenfalls an das Auto:

„Wissen Sie, wo Herr Gremmeslbacher wohnt? Ich glaube, dem sollten Sie mal einen Besuch abstatten.“ Und dann begannen sie, die ganze verrückte Geschichte zu erzählen.

Lauffinger Anzeiger

Mit Schinken an die Spitze

Die Lauffinger Metzgerei Schmitzgebel hat es erneut geschafft, den diesjährigen Preis für den besten Schwarzwälder Schinken für sich zu beanspruchen. Das Familienunternehmen stand seit letztem Jahr unter starkem finanziellem Druck. Doch die neue Führung scheint ganze Arbeit geleistet zu haben. Jonas Schmitzgebel, der Sohn des verstorbenen Besitzers, hat die Metzgerei zusammen mit seinem Halbbruder Max Wegner in die Pole-Postion unter den Schinkenherstellern gebracht. Seit letztem Monat wird der berühmte Lauffinger Schinken von mehreren großen Onlinehändlern angeboten. Laut Herrn Schmitzgebel schafft es der Betrieb augenblicklich kaum, der großen Nachfrage Herr zu werden. Abhilfe könnte da die neue Metzgermeisterin Marta Sperl schaffen, die nicht nur seit Kurzem das Team verstärkt, sondern auch die Verlobte des zweiten Geschäftsführers ist.

Wie von gut unterrichteten Kreisen zu erfahren war, soll die Hochzeit noch dieses Jahr stattfinden.

Geschäftsmann auf Anklagebank

Der bekannte Lauffinger Geschäftsmann Josef G. steht seit dieser Woche vor Gericht. Er wird wegen Sachbeschädigung, Betrug und Körperverletzung angeklagt. Gleichzeitig geht es in dem Verfahren auch noch um ein Bestechungsdelikt, weswegen auch ein Notar auf der Anklagebank sitzt. Dieser soll vertrauliche Informationen an besagten Geschäftsmann weitergegeben haben.

Das Gericht tagt morgen Nachmittag, bis dahin

„Das Rätsel kenne ich.“ Max grinste breit. „Kam auch in einem der Thriller vor, die mir Marta ausgeliehen hat. „Dann spuck es schon aus!“, ermutigte Jonas ihn ungeduldig.

„Es ist ein Würfel! Er hat 21 Augen, wenn man alle Seiten zusammenzählt! Wo der nun aber liegt, kann ich dir natürlich nicht sagen.“ Max zuckte mit den Schultern.

„Dafür ist es ja auch das Haus MEINER Oma“, sagte Jonas und verschluckte sich im selben Moment fast an dem Satz. Er räusperte sich kurz und fügte dann hinzu: „Damit ist bestimmt das Spielzimmer oben auf dem Dachboden gemeint. Den hat meine Großmutter extra noch nachträglich ausbauen lassen, damit wir Enkelkinder dort unser eigenes Reich hatten, wenn wir zu Besuch waren.“

Sie machten sich auf den Weg, stiegen die teppichbesetzten Treppenstufen in den ersten Stock hinauf und blieben schließlich unter einer Dachluke stehen. Jonas öffnete sie mit einem langen Holzstab, zog die hölzerne Leiter daran aus und stieg nach oben.

Trockene, stickige Luft empfing ihn. Auf dem Boden lagen noch die alten Matratzen und daneben ein Stapel voller Gesellschaftsspiele.

„Da hätten wir unsere Würfel“, sagte Jonas und hob den Deckel eines alten Monopoly-Spiels ab. „Welches Verhältnis hattest du eigentlich zu meinem Vater?“, fragte er vorsichtig, während er auch die restlichen Spiele nach einem Hinweis absuchte.

„Ich mochte ihn“, sagte Max. „Er war ein guter Chef und ein noch besserer Metzger. Ich habe viel von ihm gelernt.“ Max stockte einen kurzen Augenblick. „Du musst wissen, dass es gar nicht so leicht war, eine Lehrstelle zu bekommen, ich hab die Schule damals nicht so richtig ernst genommen, und meine Mutter hatte genug um die Ohren, als dass sie sich noch um meine Noten hätte kümmern können. Ich weiß noch genau, wie er mir an meinem ersten Tag beigebracht hat, dass ich auch Sägemehl zum Räuchern verwenden muss. Ich hatte einfach nur Fichtenholz in die Räucherkammer gesteckt. Er hat mich zur Seite genommen und gesagt: „Max, ich werde aus dir einen Metzger machen. Einen guten Metzger.“ Das hat mich damals wahnsinnig motiviert.“

Jonas nickte, er konnte sich gut vorstellen, dass sein Vater ein guter Lehrmeister gewesen war, solange es um seine eigene Leidenschaft ging.

„Also hier in den Spielen ist nichts“, sagte er und ging zu einer kleinen Kommode an der Wand. Er konnte einen hellen Rand auf der Tapete erkennen. Ganz so, als ob jemand das Möbelstück ein Stück von seinem alten Platz verrückt hätte. Er schob die Kommode zur Seite und entdeckte eine versteckte Holztür in der Tapete.

Er hebelte sie auf und leuchtete mit dem Handy in das Dunkel dahinter. Beinahe hatte er Angst, was er dort entdecken würde, doch es war nur eine hölzerne Kiste mit einem silbernen Zahlenschloss.

Auf dem Deckel der Kiste entdeckten sie eine Zahlenabfolge mit einem Hinweis.

WELCHE ZAHL ÖFFNET DAS SCHLOSS?

① 99

② 12

③ 87

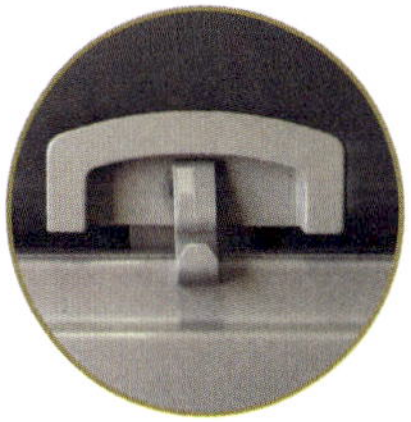

①

②

③

NICHTS

„Nichts", sagte Jonas, und nachdem Max ihn fragend ansah, sprach er weiter: „Die Armen haben nichts im Überfluss und den Reichen fehlt es an nichts. Wenn man nichts isst, stirbt man." Max verstand: „Und zwischen uns beiden steht also auch nichts. Denkt zumindest Herr Schmitzgebel, also ich meine, unser Vater. Mann, das fühlt sich ganz schön komisch an, das so zu sagen …"

„Stimmt, das muss ich auch erst mal verdauen. Jetzt hab ich plötzlich einen Bruder."

Die beiden ungleichen Männer saßen stumm nebeneinander auf der Matratze und wussten nicht recht, was sie einander sagen sollten. Schließlich brach Jonas das Schweigen.

„Das ist doch eigentlich das Beste, was der Metzgerei passieren konnte. Du leitest den Betrieb hier in Lauffingen. Mein …", er lächelte, „unser Vater hat dir schließlich alles beigebracht, was er wusste, und er hielt dich für einen sehr guten Metzger, sonst hätte er dich nicht zum Stellvertreter ernannt. Und ich steige mit ein. Kümmere mich um die Zahlen, das Marketing, den Vertrieb, eben den ganzen Papierkram. Das kann ich gut von München aus machen."

Max' Augen weiteten sich kurz, bevor sie zu leuchten begannen. „Du kommst aber schon ab und zu mal hier vorbei?", fragte er mit einem Grinsen auf den Lippen. „Wir haben schließlich einiges an Zeit aufzuholen."

Jonas lachte. Doch dann sah er, dass auf Max' Stirn plötzlich Sorgenfalten erschienen.

„Wir haben allerdings immer noch ein großes Problem. Uns fehlt das Familienrezept für den Schwarzwälder Schinken", sagte Max.

„Ich kann gar nicht glauben, dass unser Vater so einen komplizierten Plan ausgeheckt und dann vergessen hat, uns die wichtigste Information zu geben." Das schien auch Jonas unlogisch, es passte nicht ins Bild. Irgendwo musste es noch einen weiteren Hinweis geben, aber wo? Sie studierten noch mal den langen Brief, konnten jedoch nichts entdecken.

„Weißt du, ich glaube, ich muss dir auch noch was beichten", sagte Max und sah Jonas an. „Ich war auch nicht ganz ehrlich zu dir." Er rieb nervös die Finger aneinander. „Du warst nicht der Einzige, dem unser Vater einen Brief geschrieben hat. Ich hatte auch einen bekommen. Im Gegensatz zu dir wusste ich aber, von wem er war. Herr Schmitzgebel gab mir darin den Rat, mich an deine Fersen zu heften, wenn ich das Rezept erfahren wollte. Deswegen habe ich mich auch so hartnäckig an dich drangehängt." Max zog einen Zettel aus seiner hinteren Hosentasche und zeigte ihn Jonas.

Er sah genauso aus wie der erste Brief, den Jonas erhalten hatte. Das gleiche Papier, die gleiche Schriftart. Auch auf diesem Blatt störte ein seltsamer Halbkreis am Rand das sonst aufgeräumte Bild. Jonas durchzuckte es wie ein Blitz. Er sprang auf und suchte fieberhaft in seinen Manteltaschen nach seinem Exemplar. Schließlich fand er es und legte es genau neben den Brief von Max.

„Schau dir das an!", rief er und deutete auf die beiden Symbole, die nebeneinander einen Kreis ergaben, einen ovalen Kreis mit einem K darin.

„Was soll das denn jetzt wieder bedeuten?", überlegte Max. „Ein kleines K und ein großes O …"

„Das K steht bestimmt nicht ohne Grund im O", sagte Jonas und fuhr mit dem Finger den ovalen Kreis nach.

WO FÜHRT SIE DIE LETZTE SPUR HIN? WENN DU NICHT DARAUF KOMMST, ERFÄHRST DU DIE ANTWORT AUF DER LETZTEN DOPPELSEITE …

IMPRESSUM

IDEE, TEXT UND KONZEPT

Eva Eich

BILDNACHWEIS

Cover: Shutterstock.com / Kudryashka; JIANG HONGYAN; Alexander Schitschka; Lario Tus; NikhomTree Vector; Bezzubenko22; monkographic; Ravindra37; Anton Violin

Hintergründe Innenteil: Shutterstock.com / hanohiki; Alex Stemmer; sebra; mpix foto; arigato; Alexander A. Nedviga; Mehmet Cetin; DZMITRY PALUBIATKA; travelview; Romvy; Quang Ho; Wilm Ihlenfeld; TukkataMoji; My Sunnyday; Jelena Yukka; Jing H; Worawee Meepian; Lana Endermar; Stanna020; ratsadapong rittinone; Tarcisio Schnaider; tsuneomp; Vlad-George; jamesteohart; Vicente Barcelo Varona; inxti; Alexandre Holand; Valentin Agapov; thanasus; Benjaminpx; Pixel-Shot; Alessandro Pierpaoli; Wichai Prasomsri1; Sarawut Janeviriyapaiboon; holwichaikawee; Jerry Lin; LiliGraphie; Studio_3321; Krasovski Dmitri; Darkdiamond67; Dmytro Buianskyi; Maksym Fesenko; Fortgens Photography; Shift Drive; IgorGolovniov; Xiao Zhou; Evikka; IvanovRUS; Snezana Vasiljevic; I.Dr; united photo studio; Svetlana Lazarenka; Gelpi

Rätsel-Vignetten: Marielle Enders

Gestaltung Cover: Grafisches Atelier, arsEdition GmbH
Gestaltung Innenteil: Marielle Enders, www.itsme-design.de

ISBN 978-3-8458-3930-1
www.arsedition.de

MIX
Papier | Fördert gute Waldnutzung
FSC® C018236
FSC www.fsc.org